漫画 火车小百科

蒸汽火车的起源

赖怡君 著 米奇奇 绘

人民文学出版社
PEOPLE'S LITERATURE PUBLISHING HOUSE

火车到底厉害在哪里？

哈啰，各位小读者，你坐过火车吗？火车看起来好像只是交通工具，其实可是改变人类历史的重要发明呢！你知道吗？它的改变分成很多种方向，像是我们正式进入了机械运送跟制造的年代。瓦特发明蒸汽机，揭开工业革命的序幕，后来史蒂芬孙发明了史上第一部商业运转的蒸汽机车头，让时代与科技迈入不同的进程。以前手做的产品，改由机械制造之后，产能都提高了好多倍！

也由于蒸汽火车的出现，改变了人类旅行的方式，搭上火车可以平稳舒适地前往比较远的地方。有了火车，可以大量载运货物到其他地方交易，直接促进了各地经济与人文的发展。

从世界交通发展史来看，马车算是最早被应用的交通工具，但是如果想到比较远的地方，马车不但耗费时日，还有许多难以想象的危险。蒸汽火车的出现，则提供给人们一种便利、安全，而且相对快速的交通工具，不仅改变了人们的生活，甚至影响到世界历史进程。

在两次世界大战中，特别是欧洲战场上，铁道运输被广泛使用在军需上。例如，第二次世界大战时，纳粹德军以闪电战术横扫欧洲，却在进军苏联时，遭到严重挫败！为什么呢？其中的某项因素，就跟铁道有关。这个秘密的详细解析，本书有特别的页面介绍。

这是"漫画火车小百科"的第一本，讲述的是蒸汽火车的发展历史，通过有趣动人的漫画，深入浅出诉说各种应用在蒸汽火车上的科学知识。后面我们将陆续推出现代火车，以及未来火车的发展。期许这样的科普漫画，可以让小读者从小亲近科学，喜欢上火车。

文房文化副总编辑

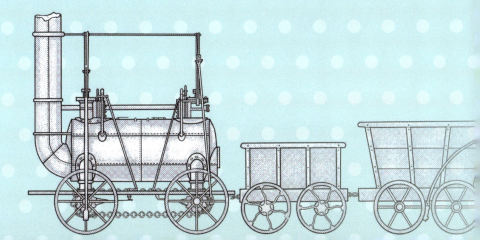

人物介绍

艾咪

女，12岁，145CM，35KG，小学六年级学生。

运动全才，虽然瘦小但臂力惊人。个性好强激不得，尤其不想输给从小到大的死对头同学霍华。

艾心博士

女，35岁，170CM，美丽与聪明兼具的科学博士。

常穿白袍，足蹬高跟鞋。平常看似理性，但遇到可以探究科学知识的机会，就会着魔似的激动。她是艾咪的姑姑，也是艾咪每次跟霍华对抗时的求救对象。

宝宝叽

性别年龄不详，球体直径约 30CM。外形超萌的邪恶外星人，来自里不里都星球。

外形圆润娇小，因此常被同伴嘲笑，立志要征服地球得到同伴的尊敬。艾咪用一根手指就能阻挡它前进。艾心博士一看到它就会像看到宠物般宠溺地揉它，完全不把它当成危险的敌人。

霍华

男，12 岁，155CM，45KG，小学六年级学生。

聪明机智，爱跟艾咪斗嘴，也爱耍花招引起同学注意，实则因为来自隔代教养家庭，父亲常出国，缺乏双亲关爱，所以特别想得到别人的关注。

目录

火车有什么了不起 /2

我是外星人，不是宠物！ /18

如果这个世界没有火车 /34

火车一定要被发明！ /50

蒸汽宝贝需要悉心照顾 /66

你在搞什么"轨"！ /80

 火车到底是不是好东西？ / 96

 地铁的电是怎么来的？ / 112

 跳越时空的火车豪华旅行 / 128

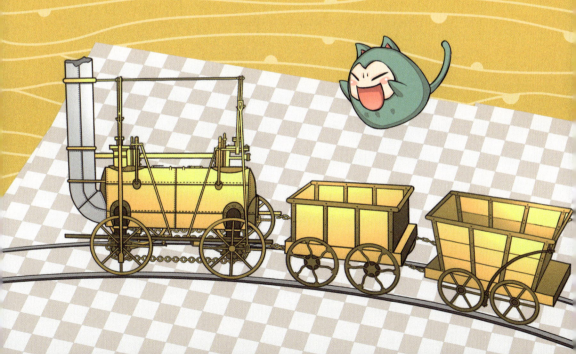

【火车有什么了不起】

哇——
霍华，这个新模型也太酷了吧！

撞

这是阿里山小火车，有着直立式汽缸蒸汽车头。它最厉害的地方，就是它的……

烟室。

老师来了！

老师，你别误会，这不是玩具，这是……

空无一人

藏

我话还没说完，这是科学展览要用的模型！

哎哟，好好笑，听到老师就吓得发抖，哈哈哈哈！

摔到地上

怎么会，
我的火车……

你把我火车上的连杆摔断了！

不过就是一个破零件！

修好还你不就得了！

反正我姑姑一定会修好，你又不是不知道！

什么都靠爸爸！

什么都靠姑姑！

明天修好还我！不然，你要帮我背一个月的书包！

修就修，公平起见，要是我修好了，你就要请我吃一个月早餐！

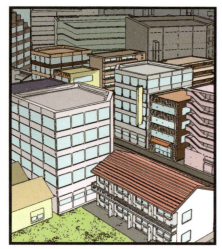

好啦，博士，你是机械天才，你一定可以帮我修好这个模型，对不对？

啊啊啊啊啊！

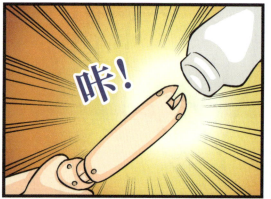

咔！

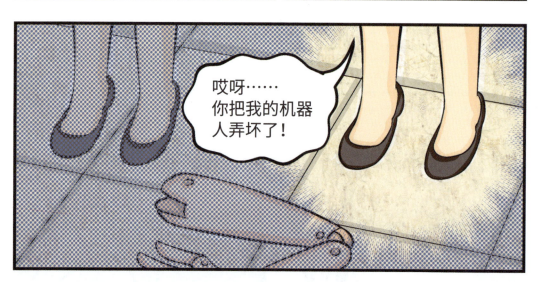

哎呀……你把我的机器人弄坏了！

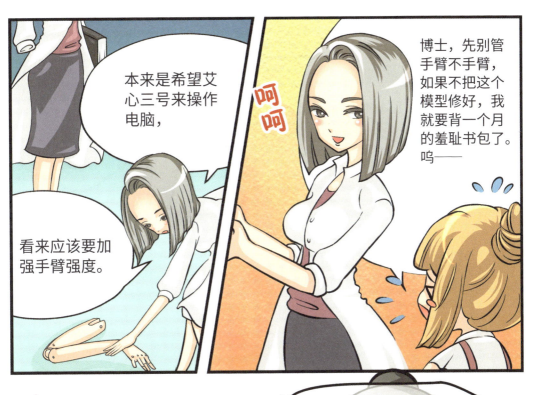

好了啦，先帮我想想怎么修理，不要讲得好像很难的样子……

不行，我得想点办法，

万一艾心博士真的修好了，那我可要请那个大力女吃一个月早餐！

我错了……连太空船都会，火车模型哪有什么问题……

要赶快阻止艾心博士，我才不想帮艾咪这个大力女跑腿！

可是，

如果火车没修好，被老爸发现的话……

停住！

突然打开！

咦？爸爸，

你怎么会来？

好久没看到你了，你今天怎么有空，我们不是约明天一起过生日吗？

霍华，明天没空帮你庆生，

英国的订单出了问题，

这是你的生日礼物，拿去吧！

呃，谢谢爸……

又是一样的机器人……

唉，我看他根本不记得送过我什么了。

报告 G89456 基地，目标锁定年幼的地球人！

率先进行攻击！！！

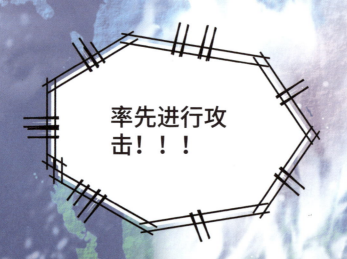

算了啦，反正我也不想跟老爸吃饭，有机器人战队陪我过生日就好！

哎呀！

砰！

这是什么鬼东西！

你从哪里进来的？

23

宝宝叽满身大汗，仔细保养完所有模型。

请问一下好朋友，我的太空船……

那个……可以还我了吗？

没那么简单！还要你再答应帮我做一件事，我才把太空船还你！

而且我保证，还会有人帮你把太空船修理好！怎么样？

【如果这个世界没有火车】

艾咪，蒸汽火车，绝对是人类最重要的发明之一！

它不但改变了运输的效率，而且带动了工业革命，是人类进步的巨大动力！

好朋友，你是说，那个巨大的雌性地球人可以帮我修好太空船吗？

等等照我说的做就是了。

好！

想当初，蒸汽火车刚发明的时候，

还被当成什么钢铁打造的魔鬼，说什么火车速度太快对人类健康有害，还有人说牛会因此挤不出牛奶……人类真是胆小，畏惧科技带来的改变，

它也承受了不少莫须有的污名，真是辛苦你了，小宝贝♥

35

哼，说谎！我就知道！

可怕的测谎眼镜！

艾咪，我得告诉你，不是真心认同火车的人，没资格接受我的帮助。

姑姑，你忍心见死不救吗？

要是火车没有修好，我就要帮霍华背一个月的书包了！

很丢脸啊，呜呜……救命啦！我不想在学校抬不起头啊！

唉，好吧！

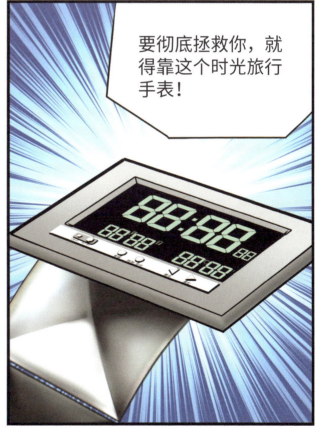

要彻底拯救你，就得靠这个时光旅行手表！

可恶，哪能那么容易让艾咪逃过！

宝宝叽，趁现在！

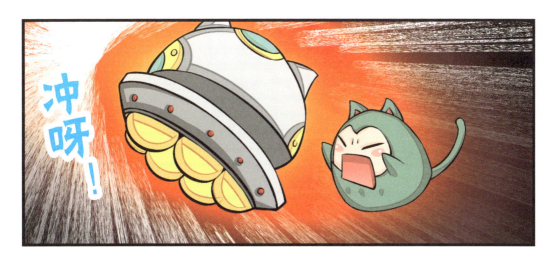

冲呀！

砰！

咦，怎么回事，外面好像有声音？

43

艾咪，停下来，一个人跳过时空光束很危险，等我！

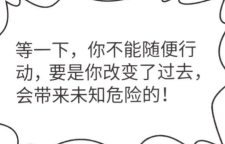

等一下，你不能随便行动，要是你改变了过去，会带来未知危险的！

嘿，我们也一起过去帮忙！

时光流

怎么回事？我只是想要回到火车坏掉以前，怎么会跑到这么久以前啊？

不趁机看看怎么行？走，让我带你们去看看蒸汽火车的起源。

众人摔落地面

驾！

小心——

谢谢——

你……你可不要搞错，我不是要保护你哦。

收手！

记忆消失球

地上这一条一条的木头是要拿去烧的吗？

嗯？我在这里做什么？

不好了！宝宝叽让矿工的记忆消失了！

咦，怎么回事？

哈哈哈哈，这样一来，轨道没有被发明，火车也不会出现，

人类的工业就不会发展，这样文明也无法进步！

宝宝叽趁乱偷走我的时光旅行手表！

可恶的家伙！我不会让你改变人类的历史的！

来不及了！人类！

谢谢你送我这么好的武器，慢走不送！

这里是哪里？实验室呢？年代错了吧？

宝宝叽消除了矿工的记忆，蒸汽火车不会出现，工业没有突破性的发展，这样人类世界会持续这么原始的！

怎么会这样？没有火车，人类的世界会差这么多吗？我们要赶快阻止宝宝叽改变历史！

可是，手表在它手上，我们还能怎么办？

都怪我！为什么没有注意到宝宝叽的阴谋！这样我们连自己的时代都没办法回去了……

【火车一定要被发明！】

刚刚我及时按下延长时间的按钮，时空制造机会延迟三分钟关起来，趁现在裂缝还没合上，我们赶快回到过去阻止宝宝叽。

快进去！

可恶，宝宝叽已经在改变历史，把轨道烧了，还在那边比Ｖ！

它不会得逞的！我们马上就要经过时光流，回到轨道发明的年代了。

艾咪，抓住我的手！

赶上了！

等等，停下来，这是轨道，不要再烧了！

（法语）这是木头的轨道，可以减少运送煤矿的摩擦力。

没想到你还会说法语。

*纽科门发明的常压蒸汽机是瓦特蒸汽机的前身。

谢谢你，这台机器不知道为什么突然冒出高温蒸汽，要不是你，差点要爆炸了！

*汤姆斯·纽科门（Thomas Newcomen，1664 年 2 月 24 日—1729 年 8 月 5 日）是一位英国工程师和发明家，曾经改良蒸汽机，并发明了纽科门蒸汽机，后来被运用在矿区与油田，可以节省大量的人力。

纽科门先生，别这么客气。

大力女，你可别小看这台机器！这是蒸汽机，这是人类史上最伟大的发明之一！

纽科门先生，你忘了吗？锅炉产生的蒸汽会推动汽缸的活塞，冷水会注入汽缸，让水来到活塞下方，使蒸汽凝结造成真空，然后空气压力把活塞向下推，摇臂会反复振动！这样就能从井里抽水了，多方便啊！

哇，小姐，你比我还清楚，不过我怎么会忘了呢？这还是改良科帕潘的研究！我很得意呢！

哼哼哼哼——
别以为阻止得了我，就算是常压蒸汽机发明了，要是以后常压蒸汽机没有改良，

火车还是没办法被发明啊，哈哈哈哈哈！

射出时空光束！

怎么办，宝宝叽接下来会去哪里？我们这样一直追不是办法。

没想到霍华你还挺了解火车的历史嘛。

它刚说到要去改良蒸汽机，那就一定是要去阻止瓦特了！

*大家都以为，蒸汽机是瓦特发明的，其实瓦特多次改造蒸汽机，才把制造业从手工操作推向机械化。

哼哼，瓦特我也听过啦，老师教过。

哎哟，艾咪，现在没时间比谁更有知识啦，我们快走！再过三分钟，时光流又要关闭了！

哦，原来瓦特是改良蒸汽机，改造成蒸汽机车型式是靠特里维西克……

还有别忘了史蒂芬孙！

什么蚊声？你们别以为你们都记得起来很厉害喔！

*理查德·特里维西克（Richard Trevithick、1771年4月13日—1833年4月22日）是一位英国发明家。他在1804年发明了世界上首列可以实际运作的蒸汽机车。

呵呵，你偷看书。你什么时候开始对火车的历史有兴趣了？是不是看我对火车很了解，所以不想输给我？

拜托，谁那么无聊！

哼！

*乔治·史蒂芬孙（George Stephenson，1781年6月9日—1848年8月12日）制造了第一列能够商业使用的蒸汽机车，并持续不断改良，博得"火车之父"的称号。

艾咪、艾心和霍华跳跃到1765年，这时候的蒸汽机被广泛运用在工厂里。

瓦特先生，您花了20年改良的蒸汽机真的太厉害了，同样的燃料，却可以产生比之前多三倍的产能。

奇怪，瓦特居然顺利改良了蒸汽机，宝宝叽不是要来搞破坏吗？人呢？

艾心再往后翻，公元1804年的蒸汽机车图片渐渐消失，

图鉴上居然出现了宝宝叽！

笨蛋地球人被骗了

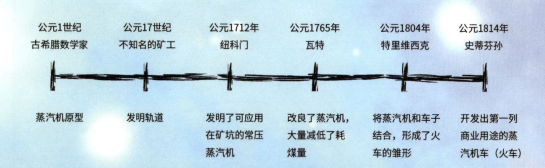

公元1世纪 古希腊数学家	公元17世纪 不知名的矿工	公元1712年 纽科门	公元1765年 瓦特	公元1804年 特里维西克	公元1814年 史蒂芬孙
蒸汽机原型	发明轨道	发明了可应用在矿坑的常压蒸汽机	改良了蒸汽机，大量减低了耗煤量	将蒸汽机和车子结合，形成了火车的雏形	开发出第一列商业用途的蒸汽机车（火车）

嘿！大家别相信什么魔鬼不魔鬼的，蒸汽机拉的火车很棒，大家都来体验看看吧！

脱轨！

又坏了，怎么回事，该不会又是宝宝叽动了什么手脚？

可恶的臭宝叽！可恶可恶可恶！

哦，不，艾咪你错怪它了，在历史上，这次的火车试乘行动，木质轨道本来就有问题，宝宝叽这次没有改变历史……之后我再说吧！

*当时铁质轨道还没发明出来，木质轨道也不够稳固，导致车子容易出轨。

咦，这是哪里？我们在这里做什么啊？艾咪呢？

博士、霍华，快点想起来啊，我们是来阻止宝宝叽的，现在不知道它要去哪里了啦！我哪知道什么火车历史啦——

你这个笨蛋哈哈哈哈，平常不念书，现在没人给你当靠山了吧！这次，我要去的地方，我就不相信你这个不爱读历史的人想得出来！

宝宝叽按下手表，跃入时空流。

哇哈哈哈哈，艾咪你这个考试才抱佛脚的地球人，等着被我消灭吧！

62

怎么办啊？

宝宝叽要去哪里啊？

冷静一点，对，我要冷静。

姑姑刚刚说，史……

霍华，你记得火车历史里，有谁的名字里面有史的吗？

史……

史莱姆？

不是啦，你这个傻瓜！吼——

史……

嗯？史泰龙？史蒂芬·斯皮尔伯格？

快，快，我们一定要赶上！

这可是人类历史上第一列用蒸汽机牵引，在铁路上行驶的载客列车！

"动力一号"将会载着450名乘客出发！我现在宣布"动力一号"，正——式——启——动——

我可不能让人类的交通这么进步，人类越落后越好啊！哈哈哈！

记忆消失

这次试乘有四万人观看，而且大获成功！火车头冒出蒸汽顺利行驶着，围观群众鼓掌、欢呼，史蒂芬孙眼中含泪，旁观的艾咪、艾心、霍华也深受感动。

呜——没想到，看到入类史上的第一列蒸汽机发动的火车启用，居然会这么感动。

我也没想到，你居然会爱上火车！

明明就是摔坏我火车的凶手！

你在乱说什么啦！我以前真的没想过，历史上有这么多人为了改善人类的生活而努力。史蒂芬孙能够发明火车，也是因为前面有矿工意外发现木头轨道、瓦特改良蒸汽机、特里维西克把蒸汽机跟车子做结合。

没错，史蒂芬孙是带着崇敬的心，在前人努力的基础上继续奋斗，经过一次又一次的尝试，才最终发明火车，带领人类走向全新的纪元……

看来，外星人也被感动到了。

哇——

我才没有！我是被你们这种低等动物发明的蒸汽火车熏到眼睛而已。

真是个不诚实的家伙。

其实，除了发明蒸汽火车的人很用心，照顾蒸汽火车这宝贝也很不容易。

咦，火车还要照顾？这是什么意思啊？又不是小孩。

走，我带你们去看开始载客的蒸汽火车！

驾驶室里，司炉卖力把煤铲入火炉里。

看到了吗？他正在喂火车吃东西。

啊，火车也要吃东西吗？

是的，他在喂火车"吃"煤。这时候的火车动力，就是靠烧煤产生的蒸汽。

那个很辛苦铲煤的工作人员，是负责照顾火炉的，他的工作就叫"司炉"。

天啊，炉子旁边看起来好热，他都不能停下来休息吗？

通常会有两个人轮流啦，因为司炉的工作真的太累了。尤其是火车要爬坡的时候，14分钟就要铲300次！

不，这连我也不行！

人称大力女→

×300

光亮！

哈哈哈！

一出隧道才发现，大家的脸都因为废烟变黑了！

爆笑——

这么辛苦的工作，他们居然还这么开心。

他们是一群真正热爱火车的人，一起并肩作战，协调蒸汽的使用。这一次，他们又顺利地驶过了一关……

宝宝叽你吓到尿裤子了吗？

我是在哭！

实验室

你们……为什么要留下我？我差点就破坏了火车的发明！我是来害你们的啊！

地球人是很复杂的，现在你可能还没办法了解……

这又是为什么？霍华本来一心想整艾咪，为什么他现在放弃了？

说好的一个月早餐呢？愿赌服输！

无聊！我要去上学了！

所以我说，地球人比你想象的更复杂。想知道为什么，你可以继续留在这里观察。

【你在搞什么"轨"！】

实验室

呼——

前几天一直想做的，终于完成了！

大力女，你在做什么？

哇！

哎哟，你跑来实验室干吗？

你趁博士不在，偷偷在做什么东西？

啊哈哈哈，不关你的事啦……

博士，你回来……

姑姑，我只是借用一下你的工具……

哦，原来你在做轨道哦！干吗不想讲？

你不要碰啦，

我要赶快归位，要是被博士发现我动实验室的东西……

那你为什么要趁博士不在做轨道？你是不是……怕别人发现，你受我的影响，彻底迷上火车了？

谁受你影响？我才没有！

嗯？博士回来了！

你以为我会被你骗两次吗？

……

你们在做什么？

博士！艾咪刚刚拿了你的工具……

连你也变成火车迷了！

别这样说嘛，你的轨道借我跑跑看！

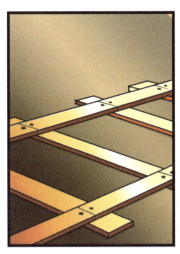

哎哟，跑得真顺，这个速度，这个流畅感，看来我也很有做轨道的天分嘛……

咦，火车怎么会跑到轨道外面？！

嘿嘿，得意得太早了吧！

别说我没提醒你，你之前时空旅行都没有注意到轨道的进化哦？还用木头？这是四百年前的技术。

我当然知道改成用铁！我只是没有材料……

不只用铁，现在改用钢了！

吼，你很烦啊。

说那么多，那你就做得出来？

* 你知道吗？铁轨比火车还早诞生。16世纪后期，在英国和德国的矿山与采石场，为了防止（转下页）

噔嘡！钢制的轨道做好了。

*（接上页）运煤的马车车轮陷入泥地里，就将木材做成的路轨垫高。1767年，英国的金属价格大跌，有家铁工厂的老板，看到堆积如山的生铁，就让人把生铁浇铸成长长的铁条，铺在工厂的道路上，准备在铁价上涨的时候再卖。人们突然发现，马车走在铺着铁条的路上，既少有摩擦，又很平稳。

你动作也太快了吧！

这家伙也彻底爱上火车了，

而且里不里都星人就是这样，想做的事情就要立刻完成。

这两人还真是一拍即合啊。

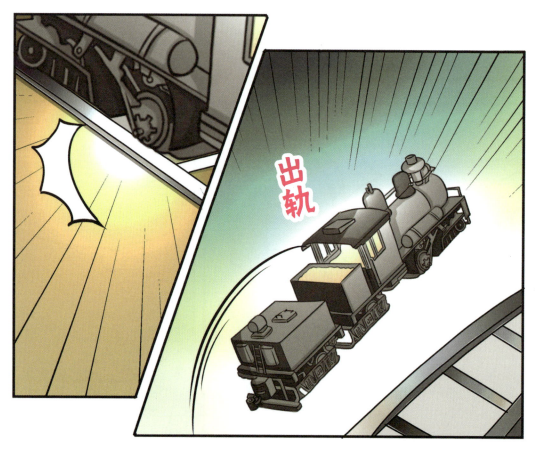

欸，以前轨道的边边是凸出来的！

因为轨道边缘凸出来，所以可以防止火车跑出轨道。

*铁路上使用的钢轨需要承受巨大的压力，故铁路钢轨对钢的质量要求比其他的应用都高。同样的小瑕疵，在建筑物使用的钢筋内出现可能不会产生任何问题，但在铁路钢轨内出现则随时会导致路轨断裂，进而导致列车出轨。

我知道，这个叫作凸缘。

*铁路轨道必须经常维修以维持良好运作状态。路轨维修是繁重的工作，以往要花费很多人力来完成，近年逐渐以机器取代。台北地铁里面常看到的广告"磨轨"就是其一。

*公元 1789 年，英国人威廉·杰瑟普设计了第一个有凸缘形状的车轮，使轮子和铁轨具契合性。轨道也得到了改进，做成了凹槽形的铁轨。

看起来不怎样的轨道，原来也是经过很多调整跟修正，一点一点地进步。

怎么样，又被地球人求进步的心给打动了吧？

我只是喜欢火车，我才没有被地球人给打动。

不老实这点，倒是跟艾咪还挺像的，明明就对地球人蛮有好感的……

我没有！

爱喝这种奇怪饮料的低等生物，我怎么可能会有好感？！

欸，谁把珍珠奶茶放在这里啊？

液体里面还放黑黑的固体，也太奇怪了。

这是我买的！

你该不会，今天特地跑来实验室，就是要拿我爱喝的珍珠奶茶给我吧？

想太多，

是因为两杯有特价，我才会买两杯。

那我要喝。

霍华，

你看艾咪笑，你也在笑，看起来非常地开心，你是不是……

你不要乱讲，你喝，这是地球的名产。

这种骨碌的感觉——

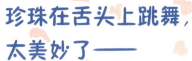

珍珠在舌头上跳舞，
太美妙了——

宝宝叽这家伙乱讲话。

看来外星人要懂得地球人的心情，还需要一段时间。

我有乱讲什么？我只是要说，你是不是很喜欢模仿艾咪，她笑你就笑。我有说错吗？

【火车到底是不是好东西？】

在霍华房内，宝宝叽对电脑屏幕上的里不里都星总司令报告。

打字！

打字！

报告总司令，

我在地球有惊人的发现。

地球人对于火车的用心，简直超乎我的想象。

啊——
真享受啊！

而且我还发现，珍珠奶茶这个东西，真的是全宇宙不可多得的宝藏！

宝宝叽战斗官！

你是不是忘了你到地球的目的？

报告总司令，没有！

我只是……先深入了解地球人的喜好，假装跟他们同化，

接下来，我马上就要展开入侵的计划！

宝宝叽，你最好在一周内拿出成果，

否则，我就会找人取代你工作！

啊——我不会让您失望的！总司令万岁万岁万万岁！

呼嘎吧里阿里都！

总司令说得对，我太容易被艾心博士还有珍珠奶茶给收买了。我得赶快行动。

静悄悄

嘿嘿嘿，这也是我从地球人身上学到的，世界大战都是靠火车来运武器。看我的！

艾心博士一定没有想到，我会用火车来偷她的科技设备——

什么！

这是俄罗斯的轨道，轨距比你用的标准轨距更宽，火车当然无法前进！

*19世纪的俄罗斯选用1524毫米的宽轨，有别于欧洲通用的标准轨（1435毫米），一般认为是出自军事考量。

可恶！居然用轨距来对付我！

没想到你这么卑鄙，

平常假装是朋友，趁我们不注意的时候，来偷博士的设备！

那是你们太单纯了。

可是，我没有想到，俄罗斯人为了求胜，

这种对火车的用心‼

不让敌人的火车能够轻易驶入，还刻意加大了轨距，真是太令人佩服了。

可吐槽的地方太多了！……

只能说……看来对火车的爱不是装出来的。

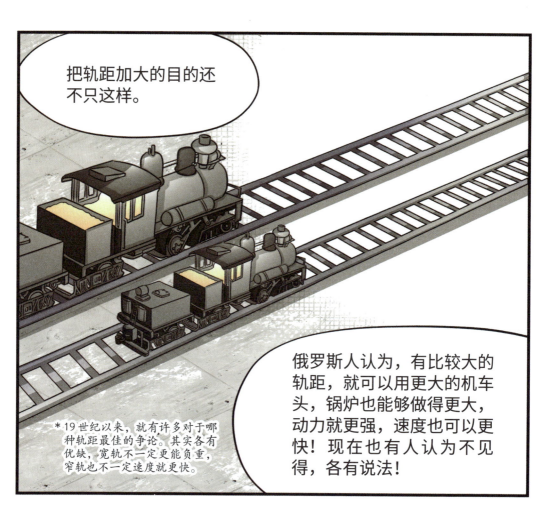

把轨距加大的目的还不只这样。

俄罗斯人认为，有比较大的轨距，就可以用更大的机车头，锅炉也能够做得更大，动力就更强，速度也可以更快！现在也有人认为不见得，各有说法！

*19世纪以来，就有许多对于哪种轨距最佳的争论。其实各有优缺，宽轨不一定更能负重，窄轨也不一定速度就更快。

俄罗斯人真是太帅气了，不愧是战斗民族！

以火车来说，火车在战争时期虽然对运送物资有很大的帮助，

但在第二次世界大战期间，也造成很多惨绝人寰的悲剧，是人类应该永远谨记在心的教训，绝对不能忘记。

虽然有点令人难过，但我想，我还是应该带你们去看看……

第二次世界大战的时候，纳粹强行把犹太人送到集中营，靠的就是火车。

他们把犹太人赶上运牲畜的车厢，不顾是否安全，一节车厢里面往往挤到多达一百个人。

天啊——火车这么挤，犹太人在里面怎么受得了？

最残忍的是，他们不给犹太人任何食物和水。

所以，在送到集中营之前，就已经有许多的犹太人死在途中。

纳粹怎么可以这样，太过分了！

推！

快住手！你这个坏蛋！

发现！

糟糕，我们快逃！

火车是什么烂发明！害那么多人死掉，我不喜欢火车了。哇——

说得也是，要是没有火车，这一切就不会发生了。

你们要记得，科技本身没有对错，

每一项技术，都能被用在好的用途，也可以用在坏的用途。最重要的，还是使用的人，是抱持着怎么样的想法。

真不希望……

再发生这么可怕的事……

别难过了！我们记取这件事的教训，不要再重新犯错了！

不过，宝宝叽，你为什么突然想搭地铁啊？

我……之前在时空旅行只看到蒸汽火车，当然想看一下现代的火车！台北地铁这么有名！

是吗？那为什么一定要到台北车站？

我有说吗？……好了啦，

不要打搅我享受动力分散式的电联车——

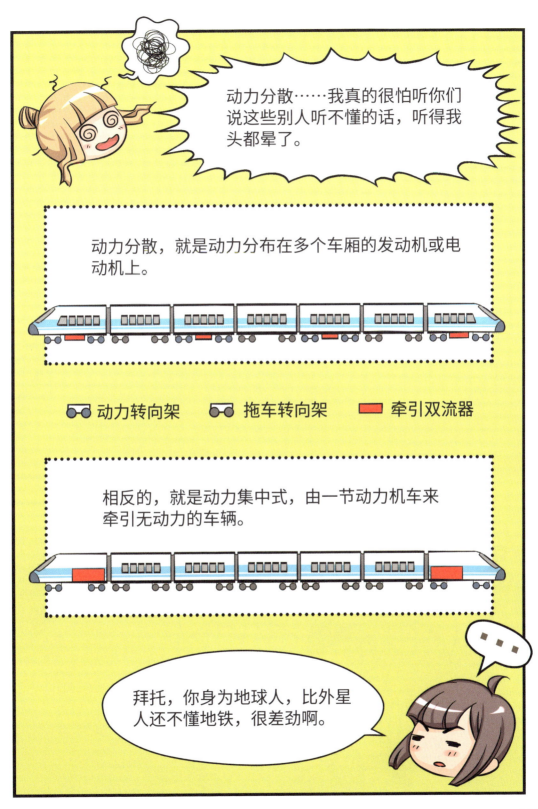

动力分散……我真的很怕听你们说这些别人听不懂的话，听得我头都晕了。

动力分散，就是动力分布在多个车厢的发动机或电动机上。

🚃 动力转向架　　🚃 拖车转向架　　▬ 牵引双流器

相反的，就是动力集中式，由一节动力机车来牵引无动力的车辆。

拜托，你身为地球人，比外星人还不懂地铁，很差劲啊。

115

讲完了吧？

艾咪，你至少应该知道，地铁的电是怎么供应的吧？

应该是

有一个超大的电池！

电池？地铁用电池？！
不愧是大力女讲得出来的答案！

哈哈哈哈哈！

哈哈哈哈！

它说的任务该不会是，切断地铁供电的来源吧？！所以，它才特别选台北车站？

难道是……要在人最多的地方让地铁瘫痪？天啊——

还在贼笑，太过分了，看我怎么收拾它。

我干吗要这样做？！

宝宝叽，艾咪说的是真的吗？

当然不是！我干吗做这么危险的事？

那你刚刚偷偷在跟谁打电话，还说什么任务不任务的？

上次传送了一杯珍珠奶茶回里不里都星，总司令惊为天人，说他儿子还有弟弟、叔叔、姑姑、三婶婆统统都想喝。

原来你们星球也要做人情，还真是辛苦你了。

不过可以喝到台中有名的珍珠奶茶，又可以看到地铁供电的第三轨，真的是一次满足两个愿望，我的人生已经没有遗憾了！

外星人还真是容易满足啊。

【跳越时空的火车豪华旅行】

霍华，你可以跟艾咪还有博士一起出去玩啊。

无聊，我才不想跟他们出去。

不然，我们大家一起去铁道旅行，一定很好玩。

我不用，我懒得出去，你跟他们去就好……

别偷懒了，好啦，走吧……

一定要出国吗？就算不花那么多钱出国，也可以玩得很开心啊！

对了，我们可以回到 1883 年，去搭历史上最豪华的东方快车啊！

东方快车？我好像有印象啦，还有描写它的小说，对吗？

直接去看更快，就利用时光流吧！

等等！

博士，拜托啦！

······

我没说不去，我只是想说，我们应该变装一下，才不太引人注意！

*东方快车是横跨欧洲大陆的长途列车，内部豪华舒适，深受当时贵族的欢迎。

哪有这种事！博士，快帮我想想办法！

你们……现在不是吵这个的时候吧。

走，我带你们去美国的普尔曼豪华卧铺车！

144

其实这也是反映美国跟欧洲文化不一样的地方。欧洲人一向阶级分明，车厢也分成头等座二等座三等座。美国人比较没有阶级之分，火车也做成开放型的空间。

 头等座

 二等座

 三等座

阶级制度

原来如此。听到没有？这才没有分什么豪华不豪华！是文化不一样！

博士，那台铁有卧铺车吗？

问得很好！台铁也有卧铺车哦！

我们变装回去，马上去1980年代看看吧！

跟那些豪华卧铺车比起来，好像不怎么厉害。

这是不一样的旅行方式。这种简单的风格，更贴近以前本地人的生活。

没有人滑手机，大家都很开心地聊天。

以前的人，看起来真的比现在的人开心。

这些卧铺车在 1987 年停驶，1995 年被解体，从此就从台湾消失了。但是，2017 年 7 月，东日本铁路公司把他们保留的一节卧铺车捐给我们了。

学校教室

嘈杂！

嘈杂！

这就是美国的普尔曼豪华列车，

可以媲美东方快车哦！

喂！

那太普通了！台湾的卧铺车，才是台湾的骄傲……

154

火车年代大考验！看看你猜得对不对！

这是什么东西呢？你看得出来吗？

●

●

●

关键的改良者是谁？

第一列蒸汽机车

纽科门

常压蒸汽机

史蒂芬孙

火车的前身

不知名的人士

1 靠走道的位置

靠走道的人，通常希望能按照自己的规则进出行走，不要被挡住或束缚。通常你的个性很强，拥有自己的世界观和规则。对于跟自己不同，譬如那种常突发奇想，打乱自己顺序的人，虽然讨厌却也有点向往。

2 靠窗口的位置

选窗口的人，通常个性很像小孩，大胆、自由，没做过的事情都想试试看。但反过来说也太自我中心，这份随心所欲很容易造成他人误解、树敌。崇拜你、支持你的人比较能配合你，你也很容易被默默的关心或无意间温柔的举动打动。

3 靠门的位置

对某些事情很执着，对自己或他人很严格。但反过来说，你的稳定度很高，不会随意变动。由于努力就是你的座右铭，所以对于能够认同自己努力成果的人，你比较容易心动！

大考必理测验！来测测看你的心理状况！

测验1 火速搭火车逃亡，请问你会选什么样的人？

如果要火速乘出门时，火车上没有座位号码，才需要对号入座，那么，你会选择哪种位置呢？

1 靠走道的位置

2 靠窗口的位置

3 靠门的位置

心理测验

1 山洞

当你独处的时候，最想做的事情就是睡觉，或是赶快找到一个人跟你出去玩，这看起来有点矛盾吗？一点也不。你是一个很害怕孤独的人。有人跟你玩当然很好，但是找不到人时，你就只想要睡觉，躲在一个忘掉寂寞的地方，补足力气后等人来找你。

2 海边

当你一个人的时候，你不但不会害怕，还很享受。你最讨厌吵闹的感觉，一望无际的海让你平静，如果全家都不在，家里就是你的天堂：准备好喜欢吃的零食，或者想看的影片跟游戏，享受一个人的时间！孤独？一点也不怕！

3 广大平原

当你空下来，发现只剩自己一个人时，你虽然会有点无聊，但马上会找到事情做。你会整理一下长久以来紊乱的思考，或是打电话给平日因忙碌而忽略的朋友。满足心里的需求，这是你最大的快乐。

测验2 你会害怕孤独吗？

恭喜你！难得的假期到了，如果你要多参加一个活动，火车是你最喜欢的交通工具，在漫长的旅行过程中，你会期望看到什么样的风景呢？

1 山洞

2 海边

3 广大平原

著作权合同登记号　图字01-2024-4117

本著作物原名：蒸汽火车的起源：给小学生的第一本火车科普书
本著作物作者名：赖怡君 绘者名：米奇奇
©2018 文房文化事业有限公司
本书所有文字、图片和版式设计由台湾文房文化事业有限公司独家授权上海九久
读书人文化实业有限公司在中国大陆地区出版、发行简体字版，未经文房文化事业有
限公司授权，不得以任何形式复制或转载。

图书在版编目（CIP）数据

蒸汽火车的起源 / 赖怡君著；米奇奇绘. -- 北京：
人民文学出版社, 2025. -- (漫画火车小百科).
ISBN 978-7-02-019207-6
Ⅰ. U261-49
中国国家版本馆CIP数据核字第2025CT6541号

责任编辑　卜艳冰　吕昱雯
装帧设计　李苗苗　朱晓吟

出版发行　人民文学出版社
社　　址　北京市朝内大街166号
邮政编码　100705

印　　制　安徽新华印刷股份有限公司
经　　销　全国新华书店等

字　　数　30千字
开　　本　700毫米×1000毫米　1/16
印　　张　11
版　　次　2025年5月北京第1版
印　　次　2025年5月第1次印刷
书　　号　978-7-02-019207-6
定　　价　59.00元

如有印装质量问题，请与本社图书销售中心调换。电话：010-65233595